REHA FÜR ANFÄNGER

Mein persönliches Tagebuch aus dem ganzheitlichen Wellness-Tempel

Frieda Huhn

Frieda Huhn wurde 1963 geboren und lebt mit ihrem Mann in einem idyllischen Dorf in Mecklenburg-Vorpommern, ihrer geliebten Heimat. Sie ist glückliche Mutter von zwei erwachsenen Töchtern und stolze Oma eines Enkels.

Seit über 20 Jahren arbeitet sie als leitende Angestellte im Krankenhauswesen und bringt ihre Erfahrungen und Einblicke aus dem Gesundheitswesen in ihre Geschichten ein. Mit ihrer lebensfrohen, humorvollen und optimistischen Art findet sie selbst in den kleinen Momenten des Alltags etwas zum Schmunzeln – eine Fähigkeit, die sie auch durch ihre erste Reha getragen hat.

Frieda Huhn möchte mit diesem Tagebuch anderen Mut machen, sich auf neue Herausforderungen einzulassen und dabei die Freude am Leben nie aus den Augen zu verlieren.

Name des Autors: Sabine Oeftger

E-Mail: s.oeftger22@gmail.com

ISBN:

WIDMUNG

Für dich – weil du diesen Weg gehst.

Willkommen im Wellness-Tempel – ein Ort der Ruhe, Erneuerung und neuer Perspektiven!

Hier werden Sorgen neu sortiert, Gedanken entrümpelt und der Stress in Einzelteile zerlegt. Es heißt, man lernt loszulassen und sich für neue Perspektiven zu öffnen.

Vielleicht finde ich hilfreiche Tricks, um mein Gedankenkarussell zu beruhigen, besseren Schlaf – oder ein paar Gründe zum herzlichen Lachen. Denn ohne Humor geht bekanntlich nichts im Leben.

Fünf Wochen voller Gespräche, gezielter Bewegung, Kreativität und Atemübungen. Werde ich am Ende erleuchtet sein?
Vermutlich nicht. Aber neugierig und ein Stück gelassener?
Ganz bestimmt.

So beschloss ich, mich auf eine Auszeit einzulassen, die ich mir nicht nur nehmen wollte, sondern auch nehmen musste. Die Zeit war mehr als reif dafür.

Begleiten Sie mich auf dieser Reise – voller Höhen, Tiefen und allem dazwischen. Mal humorvoll, mal nachdenklich, aber immer ehrlich. Vielleicht finden Sie darin etwas, das auch Ihre Seele zum Strahlen bringt und planen Ihre erste Reha!

TAG 1

Einzug in den „Wellness-Tempel"

„Die ersten Schritte zur inneren Ruhe führten über eine gestresste Empfangsdame."

Angekommen! Fünf Wochen sollte ich nun hierbleiben – aber das war ja anscheinend Standard für eine psychosomatische Reha. Die Klinik lag direkt am See, das Zimmer war in Ordnung, die Sonne strahlte, und für den Moment sah alles vielversprechend aus. Doch die ersten Begegnungen sorgten schon für das ein oder andere Schmunzeln.

Die erste Hürde kam gleich am Bahnhof. Wegen meiner kleinen Verspätung und der unterlassenen Ankündigung durfte ich mich in Geduld üben und eine Stunde auf den Shuttle warten. Das kam mir ganz gelegen – denn so konnte ich mir den schönen Bahnhof anschauen und schließlich war ich hergekommen, um Ruhe zu finden, nicht wahr?

Auch an der Rezeption lief nicht alles rund. Während ich geduldig wartete, tiefenentspannt und freundlich, schien mein stilles Dasein die Empfangsdame irgendwie zu irritieren.

Sie war so in ihrer Liste vertieft, dass sie sich offenbar beobachtet fühlte – dabei wollte ich wirklich nur höflich warten. Ein kleiner Kulturschock, aber hey, Gelassenheit üben gehört ja zum Programm!

Kaum war ich durch die Eingangstür, drohte das nächste Missgeschick: Ich ging in die Cafeteria, um mir einen Kaffee zu holen.

Fast wäre ich mit einem offenen Kaffeebecher durchs Haus spaziert – gerade noch rechtzeitig wurde ich gestoppt und ermahnt, mir einen Deckel zu nehmen. Der Kaffee war so lala und überzeugte mich nicht. Ein erster kleiner Wink mit dem Zaunpfahl, wie es hier lief. Zu dem Zeitpunkt wusste ich noch nicht, dass ich mir meinen Kaffee selbst zu bereiten konnte.

Doch dann gab es ein unerwartetes Highlight: Die Ärztin bei der Aufnahmeuntersuchung schätzte mich deutlich jünger ein, was sofort alle kleinen Unannehmlichkeiten des Tages vergessen ließ.

Eine kleine Genugtuung, schließlich war ich schon 60 und nahm jetzt an meiner allerersten Reha teil. Höchste Zeit, mir selbst etwas Gutes zu tun!

Die erste Einweisung, die obligatorische Rundführung und eine kurze Einführung in die Mahlzeiten standen noch an. Es gab mittags drei Gerichte zur Auswahl, Vollkost, angepasste Vollkost und vegetarische Kost, jeweils für eine Woche entschied man sich für ein Gericht. Bei mir war es überwiegend vegetarisch, außer wenn es Fisch gab. Dann war der erste Tag geschafft. Morgen würde es mit der Blutentnahme und Gewichtskontrolle gleich ernst werden. Um meine Erfahrung zu reflektieren, nahm ich mir vor, jeden Tag ein paar Zeilen festzuhalten. Vielleicht erlebte ich noch so einiges, was man sich nicht ausmalen konnte.

Und am Ende? Was hatte ich schon zu verlieren? Ich glaubte fest daran, dass ich hier nur gewinnen konnte – auf jeden Fall ein paar Geschichten für die Ewigkeit.

TAG 2

Erste Schritte, Begegnungen und Überraschungen

„Wer hätte gedacht, dass ich meine ersten Tanzschritte ohne Alkohol in einer Reha mache!“

Frühstart in den Tag: Punkt 06:00 Uhr klingelte der Wecker, und kaum zu glauben – ich war wirklich wach. Nach dem ersten Programmpunkt ging es dann zum Frühstück, wo ich schon die ersten Kontakte knüpfte. Der Vorteil hier war wirklich, dass niemand jemanden kannte, was die Atmosphäre ungezwungen und offen machte. So konnte man ganz unbeschwert ins Gespräch kommen, wenn man dazu bereit war.

Die ärztliche Visite stand als Nächstes auf dem Plan. Erwartungsvoll ging ich hinein, doch es lief nun ja, anders als gedacht. Ein Oberarzt und Psychotherapeut, dachte ich, würde vielleicht ein wenig Neugier mitbringen oder zumindest Blickkontakt suchen. Stattdessen bekam ich einen Hinweis, dass ich mich bitte kurzfassen solle, und er arbeitete wortlos einen Fragenkatalog ab.

Ich fühlte mich ein bisschen wie bei einer Prüfung und war ganz froh, als das Gespräch vorbei war. Das Gute daran: Wenigstens würden wir uns so bald nicht wiedersehen, zumindest hoffte ich das.

Zurück in die Natur! Ein schöner Spaziergang durch den Wald half mir, die Gedanken zu sortieren und mich wieder etwas zu entspannen.

Beim anschließenden Mittagessen kam meine erste Erkenntnis: Die Klinik-Küche hatte einen Hauch von Krankenhauscharme. Aber das war schon okay – wenn hier etwas garantiert wurde, dann wohl, dass ich nicht zunehmen würde!

Auf meinem Zimmer gönnte ich mir anschließend eine halbe Stunde Pause, was jedoch nur ein kurzer Luxus bleiben sollte. Bereits um 13:30 Uhr stand der nächste Programmpunkt auf dem Plan: Ein Vortrag über Bewegungstherapie. Der Dozent wirkte leider weniger inspiriert und schien den Vortrag schon einige Male zu oft gehalten zu haben. Viel blieb daher nicht hängen, außer dass es dreimal pro Woche Walking gab und diverse andere Angebote.

Ein Lichtblick des Tages kam dann gegen Abend: Ich fand zwei Frauen, die sich überreden ließen, gemeinsam mit mir um 17:00 Uhr ins Schwimmbad zu gehen. In der Klinik gab es nämlich eine Regel: Egal, was man tat, es mussten immer drei Personen dabei sein, für den Fall, dass jemand Hilfe benötigte. Gesagt, getan – und tatsächlich, das Schwimmen fühlte sich wunderbar an. Ich konnte mir gut vorstellen, dass dies ein festes Ritual für mich werden würde.

Das Abendessen fiel zwar bescheiden aus, aber dann kam die Überraschung: ein Tanzabend mit DJ! Die Tanzfläche bebte, und ich konnte es selbst kaum glauben – meine erste Tanzveranstaltung ohne Alkohol. Und siehe da: Man kann tatsächlich auch ohne Wein und Cocktails richtig Spaß haben.

Verrückt, dass ich dafür erst 60 werden und in eine Reha fahren musste, um diese Erfahrung zu machen.

Mit Vorfreude und einer Prise Neugier blickte ich auf den nächsten Tag – mal sehen, was die Reha noch so alles zu bieten hatte.

TAG 3

Ein ruhiger Start zwischen Tests, neuen Einsichten und kleinen Regelbrüchen

„Regeln sind wie Beckenränder im Schwimmbad – man kann sie ignorieren, solange keiner schaut."

Am dritten Tag ging es gemütlich los: Der erste Termin war um 10 Uhr, ein Ruhe-EKG. Kaum lag ich auf der Liege, war ich auch schon wieder fertig – ein reibungsloser Start. Dann stand etwas namens Testdiagnostik auf dem Plan, und ich hatte ehrlich gesagt keine Ahnung, was das sein könnte. Am Ende bedeutete es, dass wir alle an einen Computer gesetzt wurden, um einen riesigen Fragenkatalog zu beantworten. Gefühlt hundert Fragen zu Arbeit, Familie, Freizeit und weiteren Lebensbereichen warteten darauf, im Schnellverfahren abgearbeitet zu werden.

Die Antworten waren oft nicht klar, und so klickte ich mehr als einmal „teils, teils" an. Besonders Fragen zu Karriere und Zielen waren für mich schnell erledigt –

immerhin würde mein Arbeitsleben mit der Altersteilzeit in einem Jahr zu Ende gehen. Ein schönes Gefühl! Bald darauf gab es Mittagessen und eine kurze Mittagspause – es war herrlich, sich so etwas zwischendurch einfach mal zu gönnen.

Als ersten Gewinn der Reha konnte ich meinen guten Schlaf verbuchen, was mich überraschte, denn normalerweise war genau das mein Problem.

Am Nachmittag hatte ich mein psychotherapeutisches Aufnahmegespräch. Es verlief recht ruhig. Die Psychologin hörte gelassen zu, während ich von meinen Gründen für die Reha erzählte. Keine Unterbrechungen, keine Nachfragen – sie ließ mich einfach reden. Am Ende meinte sie lediglich, dass ich offenbar gut für mich selbst sorgen würde, was positiv sei. Ein wenig vage, aber ich nahm es als Kompliment.

Danach ging es mit zwei Reha-Mitstreiterinnen auf einen ausgedehnten Spaziergang. Der Herbstwald war wunderschön, die Blätter der Bäume leuchteten in herrlichen Farben. Mal rot, in warmem Orange und goldenem Gelb, die Farben glühten regelrecht in der tiefstehenden Sonne.

Die frische, klare Luft und die Bewegung waren einfach herrlich und ich fühlte mich rundum zufrieden, physisch war ich anschließend allerdings erstmal erschöpft. Bis zum Abendessen lag ich im Bett, las ein wenig und genoss die Ruhe. Es tat gut, hier die Freiheit zu haben, sich jederzeit zurückziehen zu können.

Abends folgte noch ein Vortrag über die Freizeitangebote in der Klinik, gehalten von einer Dame, die ihre Aufgabe mit einer solchen Begeisterung präsentierte, dass man nur mitgerissen werden konnte. Gesangsgruppen, Malkurse, Tanzabende und sogar Klavierkonzerte – es schien, als hätte man hier wirklich an alles gedacht, um uns die Zeit abwechslungsreich zu gestalten.

Manche Angebote waren kostenpflichtig, was ich nachvollziehen konnte.

Zum Abschluss des Tages ging ich noch ins Schwimmbad. Wir waren allein und ignorierten insgeheim die „mindestens drei Personen"- Regel, was uns ein kleines Gefühl von Freiheit und Abenteuer gab.

Das Schwimmbad inclusive Whirpool war ansprechend und das Wasser hatte eine angenehme Temperatur. Nach 40 Minuten Schwimmen, fiel ich entspannt und zufrieden ins Bett.

Morgen wartete ein neuer Tag, und ich freute mich darauf, diese kleine Routine hier zunehmend mehr zu schätzen.

TAG 4

Erste Einsichten – Von Zuckerbomben und neuen Bekanntschaften

„Erkenntnisse und der Schock über Gummibärchen: Viel zu viel Zucker und meistens bleibt der an den Hüften kleben."

Der Tag begann informativ: Ein Vortrag über gesunde Ernährung – und obwohl ich dachte, ich wüsste schon vieles, gab es doch Überraschungen. Die Aussage, dass eine einzige Tüte Gummibärchen satte 76 Stück Zucker enthält, war ein echter Schock. Ich esse diese ohnehin selten, aber mein Mann greift abends beim Video-Call gern mal zu. Er bekam direkt die Nachricht mit einem klaren Hinweis von mir, schließlich sollte er auch von meiner Reha profitieren.

Dann stand die erste Bezugsgruppe auf dem Programm: 90 Minuten, in denen wir die Leute kennenlernten, mit denen wir ab nächster Woche regelmäßig Gruppentherapie und viele Aktivitäten teilen würden. Die Gruppensitzung begann mit einer typischen Vorstellungsrunde, und schnell stellte sich heraus, dass es manchen hier offenbar schlechter ging als mir.

Ich fühlte mich fast wie ein „kleiner Fisch" unter all den schwerwiegenden Themen. Aber wer weiß? Vielleicht würden mich die Gruppensitzungen noch überraschen, und ich würde lernen, Dinge mal anders anzugehen.

Das Zuhören – lange und konzentriert – würde in jedem Fall eine Herausforderung für mich werden.

Kurz vor Mittag folgte die Einweisung in den Kraftsportraum. Eigentlich hatte ich gehofft, am Wochenende dort zu trainieren, aber leider blieb er außerhalb der Woche geschlossen. Immerhin war das Schwimmbad ganztägig geöffnet, sodass ich mir ein paar entspannte Bahnen für das Wochenende vormerken konnte.

Nach dem Mittagsschlaf stand ein weiterer Vortrag an, diesmal über die psychotherapeutischen Maßnahmen hier in der Klinik. Der Oberarzt erklärte, wie für jeden anhand von Diagnosen, Fragebögen und Gesprächen ein individueller Therapieplan erstellt wird, der psychische und physische Beschwerden verbindet.

Dazu gehören Diagnosen, die durch ärztliche Untersuchungen und psychologische Gespräche gestellt werden; ergänzend werden spezifische Fragebögen verwendet. Ich hoffte, dass bei mir der Schwerpunkt auf der Behandlung meiner Schlafstörungen liegen würde, auch wenn sich diese in den ersten Reha-Tagen bereits verbessert hatten.

Nach diesem dichten Vormittag gönnte ich mir eine kleine Pause in der Sonne, bevor es zum Abendbrot ging. Brot war hier ein Dauergast, vermutlich weil es einiges für die Küche vereinfachte. Für den heutigen Abend ließ ich das Freizeitangebot bewusst aus und gönnte mir stattdessen einen ruhigen Abend im Zimmer mit einem schönen Film und etwas zum Lesen. Selten hatte ich das Gefühl, so viel Zeit nur für mich zu haben.

Nun stand das erste Wochenende vor der Tür – ganz ohne Termine. Ich war gespannt, wofür ich die freie Zeit nutzen würde. Ein bisschen freute ich mich darauf, in meinem eigenen Tempo und ohne festen Plan in den Tag zu leben. Sozusagen – planlos in der Reha!

TAG 5

Ein Herbsttag voller kleiner Abenteuer

„Manchmal führt der Weg zur Erleuchtung eben nicht durch den Wald, sondern im Bademantel durch den Flur – auf der Suche nach einem grünen Knopf.“

Der Herbst zeigte sich von seiner besten Seite, und so startete ich nach dem Frühstück mit einem langen, wunderbaren Spaziergang durch den goldenen Wald. Am Wochenende nutzten viele die freie Zeit für Ausflüge, sodass es mittags im Speisesaal ungewöhnlich ruhig war. Passend dazu gab es als Hauptspeise nur eine leichte Suppe – was bedeutete, dass ich um Punkt 14 Uhr pünktlich in der Cafeteria war, als sie öffnete. Mein Ziel: ein Stück Kokos-Käse-Torte. Sie war durchaus lecker und eine guter Trost für das leichte Mittagessen.

Am Nachmittag stand Entspannung auf dem Programm: Ich hatte mich für die Sauna angemeldet und genoss die Ruhe dort – gegen die Regeln - ganz allein, denn es sollten mindestens drei Personen anwesend sein.. Ein echter Luxus, den ich in vollen Zügen auskostete.

Nach dem Abendessen ging es noch einmal ins Schwimmbad, da ich mich mit zwei Frauen verabredet hatte. Die Bewegung und das Wasser fühlten sich super an und rundeten diesen entspannten Tag perfekt ab.

Doch ein kleiner Zwischenfall durfte nicht fehlen: Zurück im Zimmer wollte ich das Licht anschalten und drückte dabei versehentlich den Notrufknopf. Sekunden später klingelte das Telefon, und ich erklärte der nicht so freundlichen Stimme am anderen Ende, dass es ein Versehen war. Zur Entwarnung sollte ich auf dem Flur einen grünen Knopf gedrückt halten, also lief ich – im Bademantel – durch den Flur auf der Suche nach dem besagten Knopf.

Erfolglos. Schließlich kam eine große, resolute Schwester und erklärte mir mit strengem Ton, dass auch ich in meinem Zimmer einen eigenen „Flur" hätte und dass all das in der Infomappe stehe. Es war eine klare, aber sehr deutliche Ansage – daran musste ich mich wohl noch gewöhnen.

Und so ging ein Tag voller kleiner Erlebnisse zu Ende. Der Herbst, die Sauna, das Schwimmen und der kleine Vorfall – all das macht die Reha ein wenig bunter.

TAG 6

Ein Sonntag voller Pläne und schwimmenden Würstchen

„In der Reha lernt man zwei Dinge: Geduld und wie man auf Würstchen wartet."

Ein Sonntag in der Reha begann natürlich entspannt. Zum Frühstück gab es gekochte Eier - ein kleiner Luxus, der für Begeisterung sorgte. Der Höhepunkt des Tages war jedoch der Blick in mein Postfach: Der erste Therapieplan für die kommende Woche wartete auf mich! Neugierig studierte ich die Einträge, und siehe da, täglich standen fünf Therapieleistungen auf dem Programm.

Morgen früh würde ich um 08:00 Uhr mit einer Hydrojetmassage starten - traumhaft! Danach würde es zur Ergogruppe Werken gehen, gefolgt von einer Walking-Einheit und einem berufsbezogenen Rückentraining am Nachmittag. Für 15:00 Uhr war der Feierabend eingeplant. Ein vollgepackter, aber abwechslungsreicher Plan, der sich doch machbar anfühlt.

Der Nachmittag stand im Zeichen eines Ausflugs: Mit dem Bus ging es zu einer Schlossbesichtigung – das war absolut sehenswert!

Da wir uns unterwegs ein wenig verliefen, legten wir eine extra große Runde zu Fuß zurück, und so waren wir abends ordentlich geschafft.

Beim Abendessen dann eine kleine Sensation: Neben dem gewohnten Brot gab es Wiener Würstchen! Begeistert griff ich zur Zange, um mir ein Würstchen aus dem heißen Wasser zu angeln. Doch mir rutschte die Zange aus den Fingern und plumpste ins Wasser. Hinter mir warteten schon mehrere hungrige Gesichter, die alle mindestens ein Würstchen wollten, nun sahen sich alle fragend an – das Servicepersonal wurde herbei gerufen. Der junge Mann war mit der Situation überfordert und er überlegte angestrengt. Schließlich holte ich eine Gabel vom Buffet, die uns half, das gute Stück aus dem Wasser zu fischen.

Mit viel Gelächter und einer langen Schlange hinter mir habe ich mich als „Täterin" geoutet und die Situation mit Humor genommen.

TAG 7

Die erste Therapiewoche – Ein Korb und mehr als nur Entspannung

„Selbstfindung ist nicht immer bequem – aber ich habe dabei immerhin gelernt, wie man einen Korb flechtet.“

Den Tag mit einer Hydrojetmassage zu starten, war ein wahrer Genuss! Es fühlte sich an, als läge ich auf einem Wasserbett, während Wellen und Schwingungen meinen Rücken bearbeiteten. Ein perfekter Start, und mein Rücken war gleich ein bisschen entspannter.

Nach einer kurzen Pause ging es weiter zur Ergotherapie Werken. Ich hatte im Vorfeld Bedenken, weil ich befürchtete, mich 90 Minuten mit Basteln und Malen beschäftigen zu müssen - nicht gerade mein Lieblingsthema. Doch die Ergotherapie bot viele Optionen: Kratzmalerei, Tonarbeiten, Mandalas und Korbflechten. Ohne lange zu überlegen, entschied ich mich für das Korbflechten und startete direkt mit meinem Kunstwerk. Ein erstes Bild davon habe ich in die Familiengruppe geschickt und stolz verkündet, dass es nun eine Korbflechterin in der Familie gibt.

Die Resonanz war herrlich und sorgte für einige Lacher. Um künftigen Nachfragen zuvorzukommen, fügte ich gleich an, dass ich „bis ins neue Jahr ausgebucht" sei.

Am Vormittag stand dann Walking auf dem Programm, und wir erkundeten den Wald in guter Gesellschaft.

Nach einem kurzen Mittagsschlaf folgte die Auswertung meiner Blutergebnisse – weniger erfreulich: Sowohl die Cholesterin- als auch Harnsäurewerte waren erhöht. Reha mit Nebenwirkungen, dachte ich mir, aber ich nahm es gelassen und konzentrierte mich auf die positiven Effekte.

Der letzte Programmpunkt war das berufsbezogene Rückentraining. Warum es so heißt, bleibt ein Rätsel, denn unabhängig vom Beruf absolvieren alle dasselbe Programm. Manche Dinge muss man wohl nicht verstehen.

Am Nachmittag nutzte ich dann die Busfahrt, um ein paar Kleinigkeiten zu besorgen - man vergisst schließlich immer etwas. Um 19:00 Uhr fand dann ein gemeinsames Singen im Foyer statt, und als leidenschaftliche Sängerin bereitete mir das große Freude. Das Singen in der Gemeinschaft hat Spaß gemacht, auch wenn ich eigentlich eher eine Schlagerkönigin bin. Aber was soll´s, manchmal muss man flexibel sein.

Zum Abschluss des Tages gönnten wir uns noch eine Runde Schwimmen, obwohl das Schwimmbad eigentlich nur für die Mitarbeiter geöffnet war. Da aber niemand da war, schlichen wir einfach rein und es war herrlich ruhig beim Schwimmen.

Fazit: Manchmal ist es richtig, auch mal Regeln zu brechen, denn dazu sind sie da! Zum Glück finden sich dafür auch meistens die richtigen Leute zusammen.

TAG 8

Ein Tag voller Höhen und ein Absturz im Wald

„Manchmal ist der Weg zur inneren Ruhe nicht mit Achtsamkeit gepflastert, sondern mit Baumwurzeln."

Der Tag startete aktiv um 08:00 Uhr mit einer Runde Wassergymnastik – direkt nach dem Frühstück zwar etwas ungewohnt, aber erfrischend. Danach fühlte ich mich überraschend wach und gut gelaunt, auch wenn der Gedanke, direkt nach dem Trocknen zur nächsten Sitzung zu gehen, zunächst etwas gewöhnungsbedürftig war.

In der Bezugsgruppe ging es an diesem Tag hauptsächlich um die bevorstehende Visite einiger Gruppenmitglieder. Die Gespräche halfen, Unsicherheiten zu klären, und wir erfuhren mehr über die verschiedenen Visiten: die Aufnahmevisite, Zwischenvisite und Abschlussvisite. Für einige könnte auch eine Verlängerung der Reha um eine Woche infrage kommen – eine Idee, die hier durchaus auf Interesse stieß. Bei mir eher nicht.

Anschließend hatten wir eine kurze Entspannungseinheit. Die Vorstellung, eine Entspannungsübung im Sitzen zu machen, war neu für mich und fühlte sich etwas merkwürdig an. Mit einer Traumreise versuchten wir, die Ruhe zu finden. Insgesamt war die halbe Stunde allerdings zu kurz, um wirklich in die Entspannung einzutauchen.

Zum Mittag gab es ein echtes Highlight: Senfeier! Ich ließ mir den Genuss nicht entgehen und griff sogar ein zweites Mal zu. Ich liebe Senfeier!

Frisch gestärkt ging es am Nachmittag weiter mit dem Thema Angstbewältigung. Der Vortrag war recht theoretisch und erinnerte an das Motto: „Die Angst will dir etwas sagen." Als der Therapeut am Ende fragte, ob alles verständlich sei, platzte es unüberlegt aus mir heraus: „Ja, und was bringt uns das jetzt?"

Ein ehrlicher Moment und genau darum geht es in der Reha: Alles darf sein, und die zentrale Frage lautet immer: Was brauchst du für dich?

Bevor es zum Vortrag über Schlafstörungen ging, nutzte ich noch die Zeit für einen Spaziergang im herbstlichen Wald.

Die Sonne strahlte, und ich erfreute mich an der Bewegung im Freien. Leider stolperte ich und stürzte. Zum Glück schürfte ich mir nur die Handflächen auf und der Knöchel war anschließend leicht angeschwollen. Ich konnte aus eigener Kraft zurück zur Klinik humpeln und meldete den Vorfall, woraufhin ich direkt zur Ärztin musste.

Durch den Arztbesuch verpasste ich den Vortrag über Schlafstörungen, aber zum Glück versicherten mir meine Bezugsfrauen, dass ich nichts Wesentliches verpasst hätte. Den restlichen Tag über schonte ich mein Bein, in der Hoffnung, am nächsten Tag wieder einsatzbereit zu sein.

Der Tanzkreis, auf den ich mich gefreut hatte, musste daher ausfallen. Ich schaute trotzdem kurz vorbei, um mir die Veranstaltung anzusehen. Schnell wurde mir klar, dass die Musik und der Sonnentanz nichts für mich war.

Es lief so ab: Alle fassten sich an den Händen und streckten ihre Arme Richtung Himmel, drehten sich langsam im Kreis und bewegten die Arme abwechselt nach oben und unten.

Zwischendurch wurden freudige Sprünge ausgeführt, um die Energie der Sonne zu feiern. Zum Schluss kehrte Ruhe ein und alle bedankten sich mit einem tiefen Atemzug. Die hochbetagte Dame, die den Tanzkreis anführte, war sehr engagiert und mit Herzblut dabei.

Ein aufregender Tag, der mir wieder einmal zeigte, dass in der Reha jeder Tag eine kleine Überraschung für mich breit hielt.

TAG 9

Ein ruhiger Tag und lustige Entdeckungen

„Die Entdeckung von unsichtbaren Wäscheleinen. Und was ist eigentlich mit Kurschatten?“

Am neunten Tag war es vergleichsweise ruhig und ich begann um 09:00 Uhr mit einer Entspannungsübung im autogenen Training. Leider kam ich nicht wirklich zur Ruhe. Die Gruppe wurde dreimal durch Rein- und Rausgehen gestört, und ich fand es schwer, meine Gedanken zu ordnen. Stattdessen überlegte ich, wie ich meinen bevorstehenden Geburtstag feiern wollte.

Danach hatten wir Bezugsgruppe, die sich als recht anstrengend herausstellte. Einige Gruppenmitglieder hatten ihre Zwischenvisite beim Oberarzt und berichteten von gemischten Erfahrungen. Mehrere erzählten, dass sie sich in diesem Gespräch „klein" gefühlt und den Eindruck gehabt hatten, nur auf ihre Beschwerden reduziert zu werden.

Auch wenn diese Berichte nicht gerade ermutigend klangen, nahm ich mir vor, unvoreingenommen in meine eigene Visite nächste Woche zu gehen.

Das Mittagessen war ein Lichtblick: Es gab einen frischen Salat mit Falafel, wirklich lecker! Mein Knöchel war noch geschwollen, aber zum Glück konnte ich normal laufen.

Leider war Schwimmen noch nicht drin, da die Wunden an meiner Handfläche heilen mussten.

Dafür konnte ich bei herrlichem Wetter zwei Spaziergänge unternehmen und die Sonne genießen.

Am Nachmittag fiel die geplante Tanztherapie aus und bereits um 15:00 Uhr war Feierabend. Spontan entschloss ich mich, den Kraftraum auszuprobieren, was nicht ganz einfach war: Der Raum durfte nur zu zweit genutzt werden, und oft war niemand zu finden, der mitmachte. Ich hatte Glück, denn eine andere Frau wartete schon auf Gesellschaft. Die Geräte einzustellen war knifflig – trotz Einweisung glich es eher einem Ausprobieren als effektivem Training.

Am Abend trafen wir uns wieder zum Abendbrot – unser mittlerweile eingespieltes Team von vier Frauen. Das Gespräch drehte sich um das Thema Kurschatten, was für einige Lacher sorgte.

Unsere liebe Ines, die stark im Sehen eingeschränkt war, erzählte uns, dass ihre Freundin sie kürzlich gefragt habe, ob sie schon einen Kurschatten habe. Sie meinte trocken, dass sie dafür „keine Augen" habe. Dann zeigte sie uns, dass unser Badezimmer eine ausziehbare Wäscheleine hatte, die wir bis dahin nicht entdeckt hatten. Mit einem Augenzwinkern sagte sie: „Ich Blinde muss euch alles zeigen!"

Wir amüsierten uns köstlich – sie hatte einen tollen Humor, und ohne den ging es in der Reha einfach nicht.

TAG 10

Von Pfeilen, Fantasie und Pflastern

„Bogenschießen soll ja beim Loslassen helfen – ich hab's immerhin geschafft, die Pfeile loszulassen."

Der Tag begann mit einer Walkingrunde durch den herbstlichen Wald, die ich mittlerweile wirklich genoss. Sicher auch, weil das milde Wetter immer noch anhielt und die Natur in herbstlichen Farben leuchtete.

Es wurde spannend: Bogen schießen stand auf dem Programm! Das war mein erstes Mal, und ich muss sagen, es war schwieriger, als es aussah. Meine Pfeile landeten überwiegend weit über der Zielscheibe im Schutzvorhang, aber immerhin - ein Pfeil traf tatsächlich die Scheibe! Angeblich soll das Bogenschießen dabei helfen, „loszulassen" - mit etwas Fantasie verstand ich vielleicht noch den tieferen Sinn.

Später hatte ich meine erste Fangobehandlung, die leider etwas lieblos ablief - schnelle Abwicklung, möglichst wenig Personal, aber die Wärme tat dennoch gut. Zum Mittag gab es Grießbrei mit Zimt und Zucker, der hielt zwar nicht lange satt, war dafür allerdings super lecker.

Glücklicherweise hatte ich noch zwei Bananen auf Vorrat, die den Hunger zwischendurch stillten.

Der Nachmittag brachte eine Atemtherapie, bei der wir alle auf Matten lagen. Wir führten die Atemübungen aus, die der Therapeut uns vorlas. Für jemanden ohne Vorerfahrung mag es hilfreich sein, für mich eher eine recht unspektakuläre Erfahrung.

Es folgte ein Vortrag über Stressbewältigung, der jedoch keine Aha-Momente mit sich brachte – die Monotonie des Vortrags machte es schwer, wach zu bleiben.

Nach Feierabend um 15:30 Uhr sprang ich in den Bus, um mir in der Apotheke wasserfeste Pflaster für meine Wunden zu besorgen. Die Idee war, damit abends endlich wieder schwimmen zu gehen. Leider entpuppte sich das Pflaster im Wasser als nutzlos. Es löste sich sofort ab und schützte die Wunden kein bisschen. Wieder etwas gelernt, auch wenn der Schwimmspaß so nicht sein sollte.

Nun stand wieder das Wochenende vor der Tür, und die Woche war wie im Flug vergangen. Am Wochenende würde es ruhiger werden, weil viele Patienten abreisen oder Besuch bekommen würden.

Ich freute mich auf ein paar entspannte Tage und hoffte, nächste Woche einige der neuen Erlebnisse mit frischem Schwung anzugehen.

TAG 11

Ein ruhiger Samstag nach einer unruhigen Nacht

„Geschichten, die nur das echte Leben schreibt und dazu da sind, unter die Leute gebracht zu werden."

Der sonnige Oktobersamstag war für mich wegen leichter Erkältungssymptome eher ruhig, zumindest ein kleiner Waldspaziergang musste aber trotzdem sein. Die letzte Nacht war unruhig, und ich fühlte mich ziemlich schlapp, weshalb ich es langsam angehen ließ.

Am Nachmittag wollten wir eigentlich in die Stadt fahren, um ein bisschen zu bummeln, Kaffee zu trinken und Eis zu essen. Doch ich musste absagen, da ich mich leider nicht fit genug fühlte. So blieb ich im Zimmer, las mein Buch: „Über Menschen" von Juli Zeh zu Ende und genoss eine gemütliche Auszeit. Meine zwei Zimmernachbarinnen machten sich allein auf den Weg und hatten einen schönen Nachmittag, sodass sie beim Abendbrot kaum Hunger hatten. Sie brachten mir als Mitbringsel eine Tüte Mandeln in Zartbitterschokolade mit – die war ziemlich schnell leer.

Beim Abendessen wurde aus dem „Nähkästchen" geplaudert, wie man so sagt. Jede der Frauen hat so einige Erfahrungen mit in die Reha gebracht. So konnte ich beispielsweise von 3 Hochzeiten berichten und insgesamt 4 unterschiedlichen Nachnamen.

Was mir den Ruf einbrachte, mich mit Männern auszukennen. Mein fachlicher Rat war im Verlauf der Reha bezüglich „Kurschatten" noch gefragt. Es passierten natürlich auch schwere Dinge im Leben, die auch geteilt wurden. Zuhören können, ohne zu werten, ist eine besonders wertvolle Eigenschaft.

TAG 12

Von Bronchien, Eis und die Kunst des Durchhaltens

„Man sagt, die Reha verändert einen – meinen Cholesterinwert leider nicht."

Heute kam der neue Wochenplan, und wie erwartet gab es eine kleine Anpassung: Eine Beratung zum Thema Fettstoffwechsel stand an, wohl aufgrund meiner etwas erhöhten Cholesterinwerte. Insgesamt sah der Plan für die Woche aber entspannt aus, was gut passte, da mich die Erkältung weiterhin im Griff hatte und sich nun auch auf die Bronchien gelegt hatte. Leider war die letzte Nacht unruhig, und ich griff ausnahmsweise zu einer Schlaftablette - eine kleine Notlösung. Damit fühlte ich mich aber leider auch nicht erholter.

Den Vormittag verbrachte ich im Zimmer, in der Hoffnung, ein wenig Schlaf nachzuholen, doch leider klappte das nicht. Am Nachmittag raffte ich mich dann auf und wir fuhren zu dritt in die Stadt. Dort schauten wir uns einiges an und genossen ein Eis.

Zufällig fanden wir eine Notfallapotheke, und so konnte ich mir noch einen Hustenlöser besorgen - immerhin ein Mittelchen für die angeschlagenen Bronchien.

Der Tag verlief ansonsten ruhig, und am Abend trafen wir uns wieder zum Abendessen. Keiner von uns hatte großen Appetit. Die Besuch bekommen hatten, waren vom Nachmittagskuchen - Schwarzwälder Kirschtorte - noch gut gesättigt.

Hoffentlich würde der morgige Tag wieder etwas mehr Energie und Abwechslung bringen. Ich freute mich besonders darauf, bald wieder ins Schwimmbad zu gehen - das wäre ein schöner Schritt zurück zur Reha-Normalität.

TAG 13

Die Korbflechterin und der Hustensaft

„Das Leben ist kein Ponyhof, außer wenn man mit einem Korb stolz nach Hause gehen kann.“

Der Tag begann entspannt um 09:00 Uhr mit der Ergotherapie Werken – also wieder Korbflechten. Leider wollte es heute nicht so richtig gelingen, die Erkältung saß mir noch in den Knochen, und meine Finger wollten einfach nicht so, wie ich wollte. Trotzdem hoffte ich, dass mein Körbchen bis zur Entlassung fertig werden würde, und am Ende vielleicht sogar gut aussehen würde.

Die letzte Nacht war mal wieder unruhig: Alle zwei Stunden weckte mich der Husten. Vormittags stand dann Walking auf dem Plan, was mir trotz allem guttat. Die frische Luft half, ein bisschen klarer im Kopf zu werden. Um Punkt 12:00 Uhr versammelte sich unsere Vierertruppe pünktlich im Speisesaal zum Mittagessen. Heute gab es Fisch, Brokkoli und Kartoffeln. Ich ließ die Soße wie immer weg und fand das Essen überraschend gut.

Der Höhepunkt des Tages folgte: die Hydrojetmassage! Dieses wöchentliche Highlight genoss ich sehr. Es fühlte sich an, als läge man auf einem Wasserbett, das von innen massierte – einfach herrlich.

Nach einer Stunde Pause ging es dann noch zum Rückentraining, das zwar nicht sonderlich anstrengend war, aber wohl darauf abzielte, dass wir die Übungen später zu Hause weitermachen könnten.

Da für den Nachmittag keine weiteren Aktivitäten geplant waren, nutzte ich das schöne Herbstwetter und legte mich eine Stunde draußen auf eine Liege. Es gab eine schöne Liegewiese ganz idyllisch direkt am See gelegen.

Bei milden 18 Grad konnte ich die Sonne genießen und etwas entspannen. Beim Abendbrot erzählte ich dann von meinem Hustensaft-Dilemma: Die kleine Flasche, die ich gestern in der Notfallapotheke gekauft hatte, war schon leer. Schnell kam die Frage auf, ob der Hustensaft Alkohol enthielte.

Und tatsächlich, das tat er!

Die Vorstellung, dass ich hier quasi als Einzige „Alkohol" konsumierte, sorgte mal wieder für einige Lacher. Als ich dann noch hinzufügte, dass ich mir online eine große Flasche bestellt hatte, die mein Mann am Wochenende mitbringen würde, war der Spaß perfekt. So war ich nun die „Hustensaft-Konsumentin" in unserer Gruppe und hatte mal wieder meinen Ruf weg.

Eigentlich hatten wir uns noch auf das abendliche Singen gefreut, doch es fiel leider aus. Nun hofften wir alle, dass am Mittwoch die Reha-Disco wie geplant stattfinden würde und wir das Tanzbein schwingen könnten! Natürlich dürften die alkoholfreien Cocktails nicht fehlen!

TAG 14

Halbzeit-Gedanken und die Kunst des Loslassens

„Loslassen klingt so einfach – bis man es wirklich tun soll."

Heute waren genau zwei Wochen vergangen, seitdem ich in der Reha war - die Hälfte war noch nicht erreicht, denn noch drei Wochen lagen vor mir. Auch wenn es zwischendurch schwierige Momente gab, versuchte ich, positiv zu bleiben. Die Wassergymnastik am Morgen hatte ich heute ausgelassen, aber am Abend bin ich trotzdem schwimmen gegangen. Musste ja keiner wissen! Der frühe Sprung ins kalte Wasser war einfach nicht mein Ding.

In der Gruppentherapie begann der Tag recht ruhig: Jeder konnte berichten, wie das Wochenende verlaufen war und was er oder sie unternommen hatte - für viele war das schon eine kleine, willkommene Gesprächspause. Daraus entwickelte sich schließlich ein Gespräch über Trauer und Traurigkeit. Wir sprachen darüber, wie wichtig es ist, diese Gefühle zuzulassen, auch wenn im Alltag oft wenig Raum dafür bleibt und es nicht immer Menschen gibt, mit denen man so offen über seine Probleme sprechen kann.

Die Therapeutin erklärte, dass das Gefühl von Traurigkeit genauso zum Glücklichsein dazugehört und beides das Leben prägt, wobei auch diese Seite ihren Wert hat.

In der anschließenden Entspannung las uns die Therapeutin „Das Märchen von der traurigen Traurigkeit" vor:

Das Märchen der traurigen Traurigkeit erzählt eine kurze, tiefgründige Geschichte, die sich um die Begegnung zwischen der Traurigkeit und einer älteren Frau namens Weisheit dreht.

Die Traurigkeit sitzt allein und weint, als die Weisheit zu ihr kommt und fragt, warum sie so traurig sei. Die Traurigkeit antwortet, dass sie nicht von den Menschen verstanden und oft abgelehnt werde, obwohl sie ein natürlicher Teil des Lebens ist. Sie erklärt, dass sie kommen muss, damit Menschen sich mit ihren Gefühlen auseinandersetzen und wachsen können.

Die Weisheit antwortet mitfühlend und erklärt der Traurigkeit, dass sie wichtig ist, denn sie bringt die Menschen dazu, das Wesentliche im Leben zu erkennen. Schließlich tröstet die Weisheit die Traurigkeit und nimmt sie an der Hand, um sie weiter auf ihrem Weg zu begleiten.

Die Botschaft des Märchens liegt in der Akzeptanz von Traurigkeit als Teil des Lebens und ihrer Rolle in unserem emotionalen Wachstum.

Eine sehr berührende Geschichte, die mir half, noch einmal eine neue Perspektive auf die eigenen Gefühle zu gewinnen.

Am Nachmittag fand eine Stunde zur Angstbewältigung statt. Die zentrale Erkenntnis: Angst ist nichts Bedrohliches, sondern eine Art Wegweiser unseres Körpers, der uns sagen möchte, dass etwas Aufmerksamkeit braucht.

Sie ist ein Schutzmechanismus, der uns bewahrt und den wir akzeptieren sollten – solange er nicht krankhaft wird. In solchen Fällen kann eine Verhaltenstherapie hilfreich sein.

Später ging ich eine Stunde allein durch den Wald und reflektierte alles, was die letzten Tage in mir bewegt hatten. Diese Gedanken werde ich für mich festhalten, da sie mir sehr viel Klarheit schenken. Nach diesen zwei Wochen merkte ich bereits, wie viel ich über mich selbst lernte und wie ich einige Zusammenhänge meines eigenen Verhaltens besser verstand. Diese Erkenntnisse würden mir helfen, mich langfristig besser zu verstehen und gelassener zu werden.

Mit diesem Fazit beendete ich den heutigen Eintrag:

Ich wünsche jedem, der sich in einer ähnlichen Situation befindet, die Chance, bewusst innezuhalten und sich intensiv mit sich selbst auseinanderzusetzen.

Diese Momente der Reflexion können Türen zu einem tieferen Verständnis öffnen, zu einem besseren Umgang mit den eigenen Gefühlen und Gedanken führen und so vielleicht den Blick auf das Leben verändern. Es könnte helfen, schwierige Situationen leichter zu bewältigen und möglicherweise emotionalen Schmerz zu lindern.

TAG 15

Kleine Rückschläge und ein Hauch von Ferienlager

„Zwischen Pfefferspray-Experimenten und Disco-Feeling wird klar: Reha ist wie ein Ferienlager für Erwachsene – mit viel Brot und ohne Wein.“

Der erste Programmpunkt war eine Entspannungseinheit, in der wir die progressive Muskelentspannung erlernen sollten. Motiviert legte ich los, musste den Raum jedoch schon nach zehn Minuten wegen eines heftigen Hustenreizes wieder verlassen. Das Schwimmen gestern Abend war wohl nicht die beste Idee gewesen. Also nahm ich mir eine Schwimmpause vor, bis die Erkältung endlich abklingen würde.

Nach einer kurzen Pause und mit Maske ging es dann zur Gruppentherapie, die diesmal ohne Unterbrechungen funktionierte. Davor stand allerdings noch die Einzelvisite an – ein kurzes, fünfzehnminütiges Gespräch mit dem Oberarzt und der Psychotherapeutin.

Die Erstdiagnosen wurden noch einmal durchgesprochen, es ging um mein Befinden, und schließlich kam die Frage auf, ob ich am Ende als arbeitsfähig oder nicht arbeitsfähig entlassen werden würde.

Dabei wurde auch eine nachstationäre Reha angesprochen, die ich gerne in Anspruch nahm, um weiter an mir zu arbeiten.

Nach der Visite und der Gruppentherapie war der Tag überraschend früh zu Ende: Bereits um 12:00 Uhr hatten wir frei, eine seltene Gelegenheit!

Beim Mittagessen kam wieder eine dieser Geschichten auf, die für allgemeines Gelächter sorgten. Es ging um eine neugierige Person, die ausprobieren wollte, ob ein neu erworbenes Pfefferspray wirklich funktionierte – und es spontan an einer Bushaltestelle testete. Unglücklicherweise war die Windrichtung nicht bedacht worden, und der Sprühstoß landete direkt im eigenen Gesicht. Mit hochroten Augen erschien die Dame wenig später bei einem Treffen mit Kollegen, die überzeugt waren, dass ein tränenreicher Abend hinter ihr lag.

Die Story sorgte für ausgelassenes Gelächter am Tisch – und alle waren sich einig: Manche Dinge sollte man einfach nicht auf die Schnelle ausprobieren!

Für den Nachmittag nahmen wir uns vor, zu Fuß zum Einkaufszentrum zu gehen, da die Strecke mit dem Bus so kurz wirkte. Doch der Fußweg stellte sich als gute fünf Kilometer heraus. Ziemlich geschafft nahmen wir für den Rückweg dann doch den Bus.

Abends ging es wie gewohnt zum Essen – langsam gewöhnte ich mich an das immer gleiche Abendbrot aus Brot, Käse, Wurst und Salat, aber eine Abwechslung wäre schön.

Nach dem Essen gab es jedoch ein Highlight: Die Klinik-Disco öffnete ihre Pforten! Es fühlte sich fast an wie im Ferienlager, es gab keine Möglichkeit, an ein kleines Glas Wein oder Bier zu kommen. Mit viel Tanzen und guter Laune beendeten wir den Tag – und ich ging pünktlich um 22:00 Uhr brav zurück auf mein Zimmer.

TAG 16

Ein Tag voller Erkenntnisse und der Countdown bis zum Besuch

„Zwischen Bogenschießen und Fettstoffwechselberatung passt sogar der Kartoffelpuffer ins große Ganze."

Heute stand ein vollgepackter Tag mit Terminen bis 17:00 Uhr an. Den Anfang machte eine Walking-Einheit – eine gute Entscheidung, denn der restliche Tag bot keine Gelegenheit mehr, frische Luft zu schnappen. Anschließend stand Bogenschießen auf dem Plan, und ich muss sagen, es lief heute tatsächlich etwas besser. Dennoch: Ein Hobby wird das wohl nicht für mich.

Mein Einzelgespräch war heute wieder besonders wertvoll. Es gelang mir, aus diesen Gesprächen immer etwas mitzunehmen, das mich weiterbrachte und beschäftigte. Zum Mittagessen gab es dann Kartoffelpuffer mit Apfelmus – ein echter Volltreffer und genau nach meinem Geschmack!

Am Nachmittag hatte ich meinen ersten Termin zur Fettstoffwechselberatung, da meine Blutwerte etwas außerhalb des Normbereichs lagen, wenn auch nicht dramatisch. Es war interessant zu erfahren, dass nur etwa 30 % unserer Cholesterinwerte durch die Ernährung beeinflusst werden können – der Rest ist genetisch bedingt.

Eine durchaus beruhigende Erkenntnis, weil doch ein Großteil vorbestimmt ist. Zusätzlich hatte ich noch eine Ernährungsberatung im Plan und war schon gespannt, was ich dort noch lernen würde.

Ein Vortrag über Angst stand ebenfalls auf dem Programm, aber das meiste war mir schon aus der Einzeltherapie vertraut. Dazwischen hatte ich jedoch eine Atemtherapie mit einer wunderbaren Therapeutin – das genaue Gegenteil von meinem letzten Atemtherapie-Erlebnis! Es ist erstaunlich, wie viel Unterschied die Person hinter der Therapie macht. Diesmal konnte ich tatsächlich etwas daraus mitnehmen.

Zum Abschluss gab es noch eine Fango-Behandlung, die allerdings bei mir nicht so viel bewirkte. Beim Abendessen lernte ich dann, was das „5er/3er-Konzept" ist. Keiner von uns hatte eine Ahnung, bis wir die Erklärung bekamen, dass es für „5 Wochen Reha mit 3 Wahlessen pro Mittag" steht. Nach fünf Wochen begann der Speiseplan einfach wieder von vorne – aber so lange würde ich zum Glück nicht mehr hier sein! Mittags gab es immerhin Auswahl, aber morgens und abends war das Essen wirklich jeden Tag sehr ähnlich. Es gab verschiedene Brotsorten, Wurst und Käse in fettarmer und fettreicher Version. Dazu unterschiedliche Salatvariationen mit sehr fettreduziertem Dressing.

Doch wir sind schließlich in einer Reha und nicht in einem Hotel, also kein Grund zur Beschwerde.

Morgen war endlich Freitag, und ich konnte es kaum erwarten, dass mein Schatz am Samstag zu Besuch kam. Die Aussicht, ihn endlich wieder zu sehen und gemeinsam Zeit zu verbringen, gab mir gerade einen Extra-Schub an Vorfreude auf das Wochenende.

TAG 17

Kontrolle abgeben und Pläne für die Zeit nach der Reha

„Kontrollverlust, Waschtag meistern und ein Eis genießen – Reha-Luxus in drei Akten."

Meine Erkältung war endlich so gut wie abgeklungen – pünktlich zum Wochenende! Der Tag begann mit einer halbstündigen Einheit zur Entspannung und Bewegung. Die Übung zielte darauf ab, Kontrolle abzugeben: Eine Person lag auf dem Boden, während die andere mit einem Theraband Arme und Beine des Liegenden sanft in Bewegung brachte. Das Ziel war, ganz locker zu lassen und das Gewicht von Arm oder Bein dem anderen zu überlassen. Ob die Übung wirklich eine entspannende Wirkung auf mich hatte, kann ich nicht sagen – es war eher eine merkwürdige Erfahrung.

In der Gruppentherapie standen Rollenspiele auf dem Plan, und zwar zu sozialen Verhaltensweisen. Dabei schauten wir uns typische Alltagssituationen an, in denen wir uns bewusst für ein bestimmtes Verhalten entscheiden mussten.

Passend dazu griffen wir mein Erlebnis an der Rezeption vom ersten Tag auf, was für einige Lacher sorgte.

In der psychosozialen Beratung ging es anschließend um die Möglichkeiten nachstationärer Unterstützung nach der Reha, insbesondere um „Psy-Rena" – eine ambulante Maßnahme, die bis spätestens drei Monate nach Entlassung starten sollte. Die Versorgung würde wöchentliche Gruppensitzungen über 25 Termine umfassen und dabei helfen, die Reha-Erfolge zu festigen, solange auf einen Therapieplatz gewartet werden würde. Eine gute Sache, fand ich, und die Kosten würden komplett von der Rentenversicherung übernommen werden. Der Antrag würde hier vor Ort gestellt werden, und ich würde schauen, ob ich eine Praxis in meiner Nähe fand.

Am Nachmittag standen noch eine Walking-Runde und der unvermeidliche Waschtag an. Nach zweieinhalb Wochen hatte sich einiges an Wäsche angesammelt, und zum Glück gab es hier Waschmaschinen und Trockner, auch wenn sie kostenpflichtig waren.

Anschließend hieß es: Hoch die Hände, Wochenende!

TAG 18

Ein Tag voller Genuss und kleiner Sünden

„Ein Glas Wein, Currywurst und 12.000 Schritte – Reha-Leben heißt Balance halten."

Was für ein herrlicher Tag! Die Sonne strahlte und die Schritte summierten sich schnell auf beeindruckende 12.000. Den ganzen Nachmittag verbrachten wir in der Altstadt, die mit ihren charmanten Backsteinbauten und kleinen Cafés eine wunderbare Atmosphäre bot. Nach Kaffee und Kuchen war es dann an der Zeit, meine Reha-Regeln ein wenig zu dehnen.

„Ein alkoholisches Getränk wäre jetzt perfekt", merkte ich an. Immerhin war ich nun fast drei Wochen „ohne" und hatte schließlich Ausgang!

Gesagt, getan - wir suchten uns einen gemütlichen Platz draußen bei einem Italiener und genossen ein Glas Wein. Menschen beobachten, das Leben um uns herum - es war einfach perfekt. Gegen 17:00 Uhr machten wir uns auf den Weg in ein nahegelegenes Hotel. In einem rustikalen Restaurant haben wir lecker zu Abend gegessen.

Ich gönnte mir eine Mischung, die wohl so manchem seltsam erscheinen mag: Wein und Currywurst - eine Kombination, die man sich mal leisten kann!

Mein Herzallerliebster entschied sich für Hirschgulasch, das wohl ausgezeichnet schmeckte. Das Wiegen verschiebe ich nach diesem Wochenende mal auf eine Woche später.

Zurück im Hotel ließen wir den Abend mit zwei kleinen Piccolo ausklingen, bevor ich um Punkt 22:00 Uhr pünktlich zur Nachtruhe wieder in meinem Zimmer war. Doch die Nacht war nach den Alkoholsünden sehr unruhig, besonders der Piccolo, ließ mich kaum zur Ruhe kommen. Das Schlafen gestaltete sich schwierig - ich war ständig wach.

Die Freude auf den nächsten Tag versetzte mich dennoch in eine gute und dankbare Stimmung.

TAG 19

Frühstücks-Dämpfer und ein traumhafter Sonntag

„Das Frühstück war ein Reinfall, der Tag ein Volltreffer – manchmal kommt das Gute eben erst nach dem Kaffee."

Heute war ich zwar müde, aber voller Vorfreude auf den gemeinsamen Sonntag. Mein Liebster holte mich früh zum Frühstück ab, das wir im Hotel dazu gebucht hatten - für 15 Euro pro Person. Doch leider erwies sich besagtes Frühstück als echte Enttäuschung. Bereits um 07:45 Uhr standen wir erwartungsvoll vor dem Frühstücksraum, obwohl das Frühstück erst um 08:00 Uhr begann. Eine hektische Dame kam mit dem Auto vorgefahren, wirkte etwas überfordert und bat uns, draußen zu warten.

Pünktlich um 08:00 Uhr durften wir hinein, und die Dame hatte in Rekordzeit alles vorbereitet: Brötchen aufgebacken, Kaffee und Eier gekocht - oder es zumindest versucht. Die Stimmung blieb chaotisch, sie kam weder mit Kaffee noch mit den Brötchen hinterher, und die Eier waren noch ziemlich flüssig.

Für 15 Euro hätte ich mir ein entspannteres und reichhaltigeres Frühstück gewünscht. Trotzdem ließen wir uns den Tag nicht verderben und besuchten ein Schloss und einen Park – bei herrlichem Wetter ein perfektes Ausflugsziel.

Zum Abschluss gab es Kaffee, Kuchen und ein Softeis, bevor ich mich am Nachmittag wieder auf den Weg zurück in die Klinik machte.

Dort gönnte ich mir zwei Saunagänge, die nach dem vielen Laufen genau richtig waren. Da ich mich wieder fit fühlte, ging ich nach dem Abendessen sogar noch eine Runde schwimmen. Während ich durch das Wasser glitt, dachte ich darüber nach, wie angenehm es war, sich hier um nichts kümmern zu müssen – ein echter Luxus. Wie selten hat man so eine Gelegenheit im Leben! Ein bisschen schade, dass ich nicht schon früher auf die Idee gekommen bin, eine Reha zu machen. Aber besser spät als nie.

TAG 20

Qi Gong, Nachsorge und der Countdown zur Abreise

„Zwischen Qi Gong und Korbflechtkunst wird klar: Manchmal besteht das größte Glück darin, Zeit für sich selbst zu haben.“

Heute Morgen habe ich mich tatsächlich aufgerafft und war um 07:00 Uhr unten am See zum Qi Gong. Das Angebot war täglich und ohne Verordnung zugänglich, weshalb es trotz der frühen Uhrzeit gut besucht war. Die frische Morgenluft und der Blick auf den See waren traumhaft, die Bewegungen wurden ganz sanft und langsam im Stehen ausgeführt, kombiniert mit bewusster Atmung und Meditation. Für mich war es zu wenig Bewegung, immerhin habe ich es ausprobiert und kann es nun als Erfahrung abhaken.

Nach dem Frühstück ging es um 09:00 Uhr weiter mit der Ernährungsberatung, vor allem wegen meiner erhöhten Blutfett- und Harnsäurewerte. Viel Neues über meinen Körper erfuhr ich nicht, dafür erhielt ich eine hilfreiche Tabelle mit purinarmen Lebensmitteln.

Vielleicht würde es am Ende der Reha nochmal ein Blutbild geben, und mit etwas Glück und dem Alkoholverbot könnten sich die Werte bis dahin tatsächlich verbessern.

Anschließend unternahmen wir eine Runde Walking im Wald, und dann blieb vor der nächsten Einheit endlich Zeit für ein kleines Mittagsschläfchen. Am Nachmittag stand noch eine halbe Stunde Gymnastik an, danach war Feierabend.

Zur Abwechslung habe ich mich in meinem Zimmer meinem Korb gewidmet, den ich unbedingt bis zur Abreise fertigstellen wollte. Diese Woche fiel die Ergotherapie nämlich aus, und dann blieb nur noch eine Woche „Werken". Ein bisschen Korbflechter-Material hatte ich zum Glück noch. Ich konnte unmöglich ohne mein „Meisterwerk" nach Hause kommen!

Zusätzlich kümmerte ich mich heute um meine Nachsorge: In der näheren Umgebung gab es nur eine geeignete Psychotherapeutin, die ich bereits per Mail angeschrieben hatte.

Sie hatte mir prompt geantwortet, und der Antrag für die wöchentliche Nachsorgegruppe würde von der Klinik ausgestellt werden. Ab Januar werde ich dann einmal die Woche teilnehmen. Sollte es nichts für mich sein, kann ich jederzeit abbrechen. Aber wie ich mir immer sage: Etwas Positives lässt sich aus allem mitnehmen.

So verging der Nachmittag entspannt und in meinem eigenen Rhythmus. Dieser Luxus, Zeit zu haben und sich nur auf sich selbst zu konzentrieren, war wirklich etwas Besonderes. Am Abend wurde im Foyer wieder in großer Runde gesungen.

Eine schöne Routine, die immer wieder Freude brachte. Ich bekam ein kleines Video von der „Veranstaltung" das ich in unserer Familiengruppe geteilt habe. Das Video wurde vom oberen Stockwerk gemacht und zwischen den Stockwerken waren Netze gespannt. Es hatte irgendwie einen gefängnisähnlichen Charakter und sorgte für große Erheiterung in der Gruppe.

In genau zwei Wochen würde meine Abreise sein – der Countdown lief.

TAG 21

Ein Tag der Reflexion und Vorfreude auf das Drachenboot-Abenteuer

„Wassergymnastik am Morgen und ein Drachenboot am Horizont“

Der Tag startete mit Wassergymnastik: eine morgendliche Herausforderung, die ich wohl schon öfter erwähnt habe. Vor allem durch die motivierende Musik hat es Spaß gemacht. Danach fühlte ich mich frisch und bereit für den Tag. Weiter ging es mit der Gruppentherapie, die mir mittlerweile etwas schwerfiel. Die negative Energie im Raum war manchmal überwältigend, da viele sehr belastende Themen teilten. Zwar verstand ich, dass die Gruppe genau dafür gedacht war, hielt mich an diesem Tag jedoch lieber zurück, da ich das Gefühl hatte, meine Gedanken und Empfindungen würden einfach nicht reinpassen.

Meine Therapeutin hat mir in der Einzelberatung einmal gesagt, wie wichtig es sei, auch Positives zu teilen, um anderen vielleicht neue Perspektiven zu geben – das nahm ich mir für die nächsten Sitzungen vor.

Die anschließende Entspannung musste ich wegen meines Hustens erneut abbrechen, aber immerhin wurde er langsam besser. Der Fokus lag auf Atemtherapie, eine Technik, die man wirklich überall anwenden kann und die ich gerne weiter üben werde.

Am Nachmittag standen noch zwei Termine auf dem Plan: die Gruppe Angstbewältigung und die Einzeltherapie. In beiden Sitzungen gab es kleine Impulse, die ich in meinen persönlichen Gedanken festhalten möchte. Ich sagte meiner Therapeutin, dass ich das Gefühl habe, hier besser rauszugehen, als ich hereingekommen bin – und dass ich auch nach der Reha weiter an mir arbeiten möchte.

Am späten Nachmittag konnte ich dann endlich an die frische Luft und machte ich eine ausgedehnte Walkingrunde. Zum Schwimmen konnte ich mich abends nicht mehr aufraffen.

Für den nächsten Tag war ein besonderes Highlight geplant: Wir würden auf dem See an der Klinik Drachenboot fahren . Die Vorfreude war groß – eine perfekte Gelegenheit, gemeinsam den Kopf freizubekommen und einfach den Moment zu genießen.

TAG 22

Paddeln im Team und eine kleine Auszeit

„Im Drachenboot zeigt sich: Gemeinsam läuft's wie geschmiert – außer, wenn der Koch verliebt ist."

Der Tag begann mit einer Entspannungseinheit, die leider wenig entspannend war. Baulärm drang trotz geschlossener Fenster in den Raum, und die Sitzung startete schon verspätet – kein guter Anfang. Zum Glück ging es direkt weiter mit einer Fango-Behandlung, die diesmal perfekt war: heiß und genau richtig für den verspannten Nacken- und Schulterbereich.

Um 10:30 Uhr traf sich unsere Bezugsgruppe am See für das Drachenboot-Event. Ein Sporttherapeut gab uns eine Einweisung, dann legten wir uns die Schwimmwesten an und stiegen ins Boot. Das Wetter spielte mit – mild und ruhig, keine Sonne, aber auch kein Regen. Wir paddelten im Takt über den See, und dabei wurden tolle Fotos gemacht, die diesen Moment für die Ewigkeit festhielten.

Der eigentliche Sinn des Drachenbootfahrens war, uns die Kraft des Teamworks vor Augen zu führen.

Nur gemeinsam, im Gleichklang, brachten wir das Boot übers Wasser – eine schöne und harmonische Erfahrung, die uns allen ein Lächeln ins Gesicht zauberte.

Zum Mittag gab es dann ein Highlight auf dem Speiseplan: Königsberger Klopse, eins meiner Lieblingsessen, das ich zu Hause nie koche, weil mein Herzallerliebster die nicht mag. Oje, unser Koch schien sehr verliebt zu sein, denn das Gericht war ordentlich versalzen. Doch Hunger treibt es bekanntlich rein, und wir aßen es trotzdem.

Am Nachmittag nahm ich mir die Freiheit, das Walking um 14:00 Uhr zu schwänzen. Ich lag geradezu gemütlich im Bett und genoss die Pause. Später ging ich noch allein eine Runde spazieren, um die Schritte auf meinem Zähler voll zu bekommen.

Vorm Abendessen stand noch eine Runde schwimmen auf dem Plan und anschließend ein kleines Event: Mit alkoholfreiem Sekt und einer Runde Rommé ließen wir den Tag ausklingen. Auch ohne „Prozentiges" war es erstaunlich lustig – wir fanden so einiges, worüber wir lachen konnten. Morgen würde ein Feiertag sein und wir würden alle freihaben.

TAG 23

Sehnsucht nach dem Alltag und eine inspirierende Begleitung

„Reis-Curry-Frust, aber die richtige Einstellung macht einen guten Tag."

Am 31.10. bemerkte ich zunehmend den Wunsch, bald wieder ins „normale" Leben zurückzukehren. Ich fühlte mich ausgeglichen und voller positiver Energie. Die Vorstellung, bald wieder alles selbst zu organisieren, war einerseits reizvoll, andererseits fast ungewohnt. In der Reha ging doch vieles im Schneckentempo, die Zeit verlangsamte sich. Ich war mir sicher, in meinen Alltag zukünftig davon viel zu integrieren.

Nach dem Frühstück ging es für mich wie gewohnt auf einen Spaziergang durch den Wald. Zum Mittag hatten wir uns eigentlich auf Germknödel gefreut, doch stattdessen gab es Reis mit Gemüsecurry, das bei allen am Tisch nicht gut ankam. Fast niemand aß es, und ich hielt mich mit zwei Bananen über Wasser.

Der Wunsch, einfach das essen zu können, worauf man wirklich Appetit hatte, wurde langsam größer – auch das war eine Vorfreude auf das Leben nach der Reha.

Am Nachmittag hatte ich mich mit Ines verabredet, die gern eine Ausstellung besuchen wollte und eine Begleitung brauchte.

Die Busfahrt dorthin verlief problemlos, und es gab viel Interessantes zu sehen.

Trotz ihrer starken Sehbehinderung war Ines voller Neugier und Interesse, was ich wirklich bewundernswert fand. Ihre Begeisterung zeigte mir wieder einmal, wie viel man vom Leben haben konnte, wenn man mit offenen Augen (und in ihrem Fall offenem Herzen) unterwegs war. So mancher Gesunde könnte sich hier eine Scheibe abschneiden!

Da wir mittags kaum gegessen hatten, gönnten wir uns ein Stück Kuchen, und pünktlich zum Abendbrot waren wir wieder zurück in der Klinik – was dringend nötig war. Nun lag ich auf meinem Zimmer und konnte mich nicht mehr zum Schwimmen aufraffen. Stattdessen gönnte ich mir einfach eine Pause und hörte auf meine innere Uhr.

TAG 24

Abschiedsrituale und „Edle Tropfen" für den Spieleabend

„Abschiede können ganz schön vielseitig sein, wie Salz am See."

Heute stand das letzte Mal Gruppentherapie in der bisherigen Besetzung an, da einige aus der Gruppe nächsten Dienstag abreisen werden. Der Fokus lag auf Feedback - sowohl von den Gruppenmitgliedern als auch von unserer Therapeutin. Zum Abschluss gab es ein Ritual: Jeder sollte sich einen Gegenstand aussuchen, den er symbolisch hierließ, und einen, den er mitnahm. Wir trafen uns dafür am See, und wer wollte, warf etwas ins Wasser, begleitet von ein paar persönlichen Worten.

Obwohl mein Abschied erst nächste Woche Freitag anstand, machte ich schon mal mit. Für mich war es eine kleine Tüte Salz, die ich für die negativen Gedanken ins Wasser warf. Eine weitere Tüte stand für die positiven Impulse und Erkenntnisse, die ich von hier mitnehmen werde. Überraschenderweise fand ich das Ritual gar nicht so schlecht - es hatte etwas Befreiendes.

Natürlich durfte heute das Walking nicht fehlen, und nach dem Mittagessen war sogar noch Zeit für ein kleines Schläfchen. Am Nachmittag ging es dann in der psychosozialen Beratung um das Thema BEM-Gespräche, die Arbeitgeber nach sechs Wochen Krankheit im Jahr anbieten können.

Nützlich zu wissen, auch wenn es für mich nicht relevant war.

Mit Ines (wir hatten zwei Ines in unserer Frauengruppe) machte ich mich anschließend auf den Weg zum Einkaufen, was zu einem unerwartet lustigen Erlebnis wurde. Wir kauften einige Schachteln „Edle Tropfen" und Eierlikörpralinen – irgendwie musste man ja doch kleine Wege finden, um an ein bisschen Alkohol zu kommen. Abends gab es dann einen kleinen Spieleabend, bei dem wir uns die Pralinen teilten. Die Kombination aus „Edlen Tropfen" und dem Rollmops-Abendessen erwies sich jedoch als ... sagen wir mal, gewöhnungsbedürftig!

Trotzdem hatten wir zu fünft beim Mau-Mau eine Menge Spaß. Eigentlich bin ich nicht der größte Fan von Kartenspielen, aber ich ließ mich darauf ein und genoss den Abend in bester Gesellschaft.

Nun steht schon das vorletzte Wochenende bevor, und ich freute mich auf die freie Zeit, um noch einmal Kraft zu tanken und die letzten Tage hier zu genießen.

TAG 25

Ein Tag für Yoga, rote Nägel und neuen Lesestoff

„Manchmal reicht ein bisschen Yoga und der Besuch im Nagelstudio aus, um die Welt viel besser aussehen zu lassen."

Heute ging es zum zweiten Mal zum Yoga, und wieder haben mir die langsamen, achtsamen Bewegungen richtig gutgetan. Ob Yoga ein fester Bestandteil meines Alltags wird, weiß ich noch nicht, aber wer weiß - das Leben ist voller Veränderungen, ein Motto, das mich schon lange begleitet und das mir stets gutgetan hat.

Das Mittagessen habe ich heute ausgelassen, die angebotene Suppe sprach mich einfach nicht an. Stattdessen nutzte ich den Nachmittag, um zum Hauptbahnhof zu fahren und etwas für meine Nägel zu tun. Eigentlich wollte ich das noch bis zur Rückkehr verschieben, aber fühlte mich mit frisch lackierten Fingernägeln schöner und gepflegter.

Da ich schon mal am Bahnhof war, schlenderte ich noch ein wenig durch die Läden und gönnte mir eine Asiabox.

Leider lag das Essen mir schwer im Magen, und so ließ ich das Abendessen ausfallen und trank nur noch einen Tee. Fastfood scheint mir nicht mehr wirklich zu bekommen – vielleicht eine Folge der Klinik-Kost?

Abends ging ich noch eine Runde schwimmen, was wie immer wohltuend war. Im Foyer entdeckte ich dann eine Kiste voller Bücher, die für 1,50 Euro das Stück zum Verkauf standen. Perfekt! Da ich meine beiden Bücher schon ausgelesen hatte, kam das gerade wie gerufen. Ich fand ein Buch für die letzte Woche und freute mich auf das neue Lesevergnügen.

Abends lag ich zufrieden im Bett und freute mich auf einen entspannten Sonntag. „Entspannt" schien wirklich das Wort dieser Reha zu sein – und vielleicht auch ein kleiner Vorsatz für die Zeit danach.

TAG 26

Ein fauler Sonntag mit Kabarett und Vorfreude auf die letzte Woche

„Wenn der Sonntag faul ist und das Kabarett das Leben auf die Bühne bringt, weiß man, dass Lachen die beste Therapie ist.“

Heute war ein fauler Sonntag – ein Wort, das „entspannt“ gut ersetzt. Den Vormittag verbrachte ich gemütlich im Zimmer und ließ es ruhig angehen. Natürlich gab es zwischendurch Gespräche mit anderen, besonders über zwischenmenschliche Beziehungen – wohl eines der unerschöpflichen und heraus forderndsten Themen überhaupt. Denn ja, das Phänomen des „Kurschattens“ hatte auch in meinem näheren Umfeld hier zugeschlagen. Da scheint tatsächlich etwas dran zu sein. Aber natürlich kann ich da nicht näher drauf ein gehen, Diskretion versteht sich.

Am Nachmittag drehte ich eine Runde allein durch den Wald, da meine „Bezugsfrauen“ alle anderweitig beschäftigt waren.

Die Ruhe tat gut, und danach nutzte ich die Zeit für einen entspannten Schwimmbadbesuch und einen zusätzlichen Saunagang.

Normalerweise wäre ich danach direkt ins Bett gegangen, aber das war heute nicht möglich, denn nach dem Abendessen - heute mit Würstchen, endlich mal eine kleine Abwechslung - stand ein Kabarettabend auf dem Programm.

Ein älteres Künstlerpaar trat auf: Er am Klavier, sie mit humorvollen Gesangseinlagen und Gedichten.

Das Programm war herrlich ironisch und voller Geschlechterklischees und Anekdoten über Paarbeziehungen. Wir hatten einen wirklich schönen Abend und haben viel gelacht - eine willkommene Abwechslung und ein wunderbarer Abschluss für den Sonntag.

Der neue Therapieplan für die letzte Woche lag heute im Postfach: viele vertraute Termine und ein paar Wiederholungen, aber auch ein neuer Vortrag über Depressionen, auf den ich gespannt war.

Am Freitag stand außerdem eine zweite Blutabnahme an, um zu sehen, ob sich die viele Bewegung und der Alkoholverzicht positiv auf meine Blutwerte ausgewirkt hatten.

Am nächsten Tag würde die letzte Woche starten. Das Ende war in Sicht, und das fühlte sich gut an.

TAG 27

Die letzte Woche – Ein verpasster Termin und die Vorfreude auf zu Hause

„In der letzten Woche wird klar: Man ist fast durch – aber irgendwie fühlt es sich an, als hätte man gerade erst angefangen, den Dreh rauszukriegen."

In der letzten Reha-Woche passierte es: Ich verpasste zum ersten Mal einen Termin! Die Entspannungseinheit stand um 08:00 Uhr auf dem Plan, doch ich dachte, es ginge erst um 08:30 Uhr los. So etwas kann wohl mal passieren, besonders wenn das Ende schon in Sicht ist.

Am Vormittag konnte ich dann endlich wieder in der Ergogruppe an meinem Korb arbeiten. Das gute Stück sollte bis zur Abreise fertig sein, und am Mittwoch würde ich den letzten Schliff setzen. Mein Kunstwerk würde dann tatsächlich vollendet sein.

Beim Walking war ich die Letzte, auch wenn ich das Gefühl hatte, dass ich recht flott ging. Offenbar stimmte da meine Eigenwahrnehmung nicht ganz.

Der Nachmittag war entspannt, mit nur einem Termin fürs Rückentraining. Danach gönnte ich mir eine Runde auf dem Crosstrainer, um ein Stück Kuchen zu kompensieren.

Ein bisschen Bewegung tat gut, und da das Wetter nun langsam ungemütlicher wurde, war das Indoor-Training eine gute Alternative.

Am Abend stand wieder gemeinsames Singen auf dem Programm, aber meine „Bezugsfrauen" hatten keine Lust mehr. Die letzten Tage zeigten ihre Wirkung, und die Motivation für die Gruppenevents war bei allen etwas erschöpft. So verbrachte ich den Abend gemütlich auf meinem Zimmer, und mein Laptop wurde wieder einmal mein treuer Begleiter. Noch nie hatte ich ihn so oft genutzt wie hier!

Eine gute Nachricht kam per Mail: Ich habe die Kostenzusage für meine Nachsorge erhalten. Ein Vorgespräch mit der Therapeutin ist für November angesetzt, und ab Januar würde es losgehen – ein schöner Plan für die Zeit nach der Reha.

An diesem Tag ist nicht viel Aufregendes passiert, aber in einer Woche würde ich schon wieder zu Hause sein. Das fühlte sich richtig gut an.

TAG 28

Die Luft ist raus – Abschiedsstimmung und ein kleines Missverständnis

„Wenn sogar die Blindenbinde für Atomkraft gehalten wird, weiß man, dass der Humor der beste Begleiter durch die letzte Woche ist.“

Ein voller Tag, aber kein voller Erfolg. Die letzte Woche lief, und das merkte man an der allgemeinen Stimmung: Die Luft war raus. Auch der Wechsel der Therapeutin kam ungünstig, da es in der Gruppe jetzt kaum noch Vertrautheit gab. Das Vertrauen fehlte, und die Gespräche blieben oberflächlicher.

Die morgendliche Entspannungstherapie wollte mit der neuen Therapeutin nicht klappen. Der Vortragssaal war laut, und die progressive Muskelentspannung war ohnehin nicht mein Favorit.

Für mich bedeutet Entspannung loslassen, nicht anspannen - doch jeder hat da wohl seine eigenen Vorlieben. Auch die „Transfergruppe", die uns für den Übergang zurück in den Alltag unterstützen soll, fühlte sich für mich eher beliebig an.

Heute wurden wir in Vierergruppen aufgeteilt und sollten erarbeiten, wie wir bei Stress besser für uns sorgen können.

Neue Erkenntnisse gab es nicht, und das Thema „Nein sagen lernen" wurde in allen Details durchgekaut.

Trotz meiner abnehmenden Motivation war ich nach der Gruppe brav zum Walken gegangen, obwohl einige heute schon geschwänzt hatten. Die Klinik war voller neuer Gesichter, und der Speisesaal zur Mittagszeit übervoll und laut - scheinbar gingen alle um Punkt 12:00 Uhr essen. Ein Mittagsschlaf fiel flach, da mein Terminplan dicht war: Fango, Angstbewältigungsgruppe und als Abschluss die Hydrojetmassage. Danach gönnte ich mir endlich einen Kaffee in Ruhe - schließlich sollte kein Stress aufkommen.

Für den Abschied unserer Therapeutin hatten wir eine schöne 3-D-Karte mit Erdmännchen gestaltet und eine große Schachtel Süßes besorgt. Wenn man bedachte, dass die Therapeuten hier regelmäßig Abschiedsgeschenke bekamen, sammelten sich über die Jahre wohl einige Dankeschöns.

Aber sie leisten auch viel, hören sich täglich die Lebensgeschichten der Patienten an und unterstützen in belastenden Momenten – das verdient Anerkennung und Wertschätzung.

Ich merkte, dass ich gedanklich schon bei der Abreise war, auch wenn ich das Schwimmbad abends wieder in vollen Zügen genoss. Der Luxus des Schwimmens direkt vor der Tür war etwas, das ich sicherlich vermissen würde.

Zum Abendbrot sorgte Ines noch für einen herzhaften Lacher. Sie erzählte, dass sie draußen von jemandem angesprochen wurde, der nicht gut Deutsch sprach und wissen wollte, was ihre Blindenbinde bedeute. Sie erklärte ihm, dass die Binde bedeutet, dass sie blind ist.

Der Mann dachte jedoch, sie wäre „verstrahlt" und hätte etwas mit Atomkraft zu tun! Wir haben uns köstlich über dieses Missverständnis amüsiert und den Tag mit einem Lachen beendet.

TAG 29

Ein gelungener Abschied mit Zielscheiben und Erinnerungen

„Vier Pfeile auf der Scheibe, ein geflochtener Korb und ein Disco-Abend – manchmal liegt der perfekte Abschied in den kleinen Erfolgen."

Zum letzten Mal stand Bogenschießen auf dem Plan, und diesmal lief es wirklich gut! Alle vier Pfeile landeten in einer Runde auf der Scheibe - ein Erfolgserlebnis, das meinem Sternzeichen „Schütze" alle Ehre machte. Auch meinen Korb konnte ich fertigstellen. Der Abschluss war knifflig, da der Rand wie ein Zopf geflochten wurde, aber die Therapeutin half mir bei den letzten Handgriffen. Nun war das Prachtstück vollendet und ein wunderbares Erinnerungsstück an diese Reha-Zeit.

Es war der erste Tag in meiner Reha, an dem ich tatsächlich keinen Fuß vor die Tür gesetzt habe. Es ergab sich einfach nicht, da immer etwas zu tun war. Wir überreichten unserer Therapeutin das Abschiedsgeschenk, die 3-D-Karte und die Schachtel Süßes.

Sie war sichtlich überrascht und freute sich sehr darüber.

Am Nachmittag hielt der Oberarzt einen Vortrag über Depressionen, der überraschend interessant war. Es beeindruckte mich, wie vielfältig die Gründe und Symptome für Depressionen sein können.

Viele Anzeichen sind so subtil, dass man oft nicht daran denkt, dass es sich um eine Depression handeln könnte.

Auch die verschiedenen Behandlungsmöglichkeiten, von Medikamenten bis zu unterschiedlichen Therapien, wurden ausführlich besprochen.

Am Abend fand unser letzter Disco-Abend mit der Frauenbezugsgruppe statt. Ein bisschen Tanzen tat gut, zumal die Tanztherapie, während der gesamten Reha leider ausgefallen war. Ich spürte, wie die letzten Tage schnell verstrichen und die Vorfreude auf zu Hause wuchs.

Am nächsten Morgen stand noch ein großes Highlight an: Mit dem Bus würden wir in die Hauptstadt fahren, um uns eine Musikshow anzusehen. Ein schöner Abschluss für diese Reha-Woche.

TAG 30

Abschiedsstimmung und ein Gefühl von „normalem Leben"

„Die Reha endet bald, aber vorher gibt's noch ein Highlight mit einem *Hauch von Glamour!"*

Der heutige Tag begann mit einem Termin in der Testdiagnostik, bei dem es um die Bewertung der Patientenzufriedenheit ging. Natürlich gibt es immer Dinge, die nicht ganz rund laufen – das ist bei einer großen Klinik mit vielen Patienten wohl unvermeidbar. Insgesamt aber habe ich den Eindruck, dass hier wertvolle Arbeit geleistet und alles gut organisiert wird.

Die Bezugsgruppe traf sich heute ein letztes Mal, und nun hieß es fast bei jedem Programmpunkt „das letzte Mal". Wieder hatten wir eine neue Therapeutin, die sich bemühte, obwohl es verständlicherweise schwer war, in den letzten Tagen noch echtes Vertrauen aufzubauen. Wir reflektierten über die Reha und die Zeit danach. Alle wurden ermutigt, das Gelernte umzusetzen und weiterhin Angebote zu nutzen.

Der schwierige Punkt bleibt jedoch, dass Therapietermine oft lange Wartezeiten haben, abhängig vom Angebot vor Ort.

Walking durfte natürlich nicht fehlen, aber die Atemtherapie habe ich geschwänzt. Zum Mittagessen gab es dann Grießbrei mit Apfelmus, Zimt und Zucker – eine kleine Freude, die ich mir mit zwei Tellern gönnte, gefolgt von einem Stück Bienenstich.

Um das etwas auszugleichen, verzichtete ich abends auf das Abendbrot.

Der Höhepunkt des Tages war jedoch unsere Fahrt ins Musical. Es fühlte sich ein wenig nach „normalem Leben" an, sich in Schale zu werfen und etwas Besonderes zu unternehmen. Ein perfekter Abend und eine schöne Erinnerung zum Ende dieser Reha.

TAG 31

Abschiedsstimmung, Sekt im Bus und der letzte Freitag in der Reha

„Der letzte Freitag mit Sekt im Bus und ein alkoholisierter Mantel.“

Nach einer kurzen, unruhigen Nacht begann mein letzter Freitag in der Reha mit Wassergymnastik – die beste Methode, um wach zu werden. Trotzdem kämpfte ich den ganzen Tag mit Müdigkeit, die wohl auch von der gestrigen Ausfahrt in den Friedrichstadtpalast herrührte.

Die Busfahrt dorthin war schon ein Erlebnis für sich. Unser gut gelaunter Busfahrer verteilte Piccolo-Flaschen an alle, die wollten, und sorgte mit seinem „Flaschenservice“ für eine Menge Gelächter: Er hatte eine Kiste mit drei Sorten Sekt dabei und suchte in jeder Reihe umständlich nach der gewünschten Sorte. Meine Sitznachbarin traf es besonders: Der Fahrer verlor das Gleichgewicht und fiel ihr fast auf den Schoß, wobei sich ihr bereits geöffneter Piccolo über ihren Mantel ergoss.

So kam sie mit einem deutlich nach Alkohol riechenden Mantel im Friedrichstadtpalast an. Die Show war grandios – beeindruckende Bühnenbilder, Tänzer und Kostüme.

Auf dem Rückweg setzte sich die Sektorgie fort, und unser Busfahrer machte sogar eine kleine Extra-Runde über den Ku'damm. Mein ursprünglicher Plan, keinen Alkohol wegen der heutigen Blutabnahme zu trinken, hielt nur bis zum Einsteigen in den Bus. Am Montag würde wir die Ergebnisse erfahren – mal sehen!

Der restliche Tag verlief eher ruhig. Ein Termin bei der Sozialberatung klärte letzte Fragen zu der Zeit nach der Reha. Eine halbe Stunde „Bewegen, Erfühlen, Entspannen" stand ebenfalls auf dem Programm. Die Einheit fokussierte sich auf die Atmung und darauf, wie wir mit kleinen Veränderungen positiv auf unseren Körper einwirken können – ein schöner Gedanke, dass wir sozusagen „Projektleiter" unseres Körpers sind.

Nach dem Mittagessen war eine Pause angesagt. Ein letzter kleiner Spaziergang rundete den Tag ab, und nun stand das letzte Wochenende in der Reha vor der Tür.

TAG 32

Ein Nachmittag im „Café Chaos“ und der kleine Trost der Sauna

„Eine Spinne auf der Untertasse und ein Totenkopf mit Rauch – das Café war chaotischer als jede Gruppentherapie.“

Fangen wir heute mal mit dem Ende an: Zwei herrliche Saunagänge nach einem kalten Tag und davor noch eine entspannende Schwimmrunde. Ach, wie werde ich diesen kleinen Luxus vermissen - im Bademantel in den Fahrstuhl steigen und danach direkt ins Bett.

Der Vormittag war hingegen unspektakulär: Ines und ich fuhren kurz zum Einkaufszentrum, um ein paar Dinge wie Trockenshampoo zu besorgen. Zurück in der Klinik erwartete uns eine Kartoffelsuppe zum Mittag, begleitet von einem winzigen Würstchen, das kaum der Rede wert war. Aber nach einem zweiten Teller - mit Glück noch einem Würstchen - war ich schließlich halbwegs satt.

Am Nachmittag wollten wir als Frauenbezugsgruppe noch einmal gemeinsam in die Stadt fahren und gemütlich Kaffee trinken gehen. Doch das „Café Chaos", wie wir es später scherzhaft nannten, lieferte eher ein Erlebnis, das wie für die versteckte Kamera gemacht schien.

Nachdem wir uns endlich gesetzt hatten und feststellten, dass die anderen Cafés wohl nicht weniger voll waren, warteten wir geduldig auf die Bedienung – vergeblich. Also schauten wir uns die Kuchenauslage an.

Die Auswahl war überschaubar, ein paar Einzelstücke, und wir mussten uns einigen, wer was bekommen würde. Während wir warteten, fiel unser Blick auf einen großen Totenkopf mit leuchtenden Augen auf der Bar. Aus Langeweile – und Neugier – inspizierten wir das „Deko-Objekt" näher. Ich fand einen kleinen Knopf am Hinterkopf des Totenkopfs und drückte darauf: Die Augen blitzten rot auf, und eine Rauchwolke stieg aus dem Kopf auf.

Natürlich wiederholten wir das ein paar Mal, um ein Foto mit den blitzenden Augen zu bekommen. Doch gerade, als wir ein Video davon drehen wollten, kam ein Mitarbeiter und belehrte uns, dass wir den Knopf besser nicht drücken sollten, weil oben Stickstoff herausströmt – damit würden sie ihre Gläser vereisen. Wir entschuldigten uns natürlich für unser Fehlverhalten und endlich kam auch unsere Bestellung.

Doch das Chaos war noch nicht vorbei: Eine ältere Dame stolperte mit ihrem Rollator über eine unmarkierte Stufe und fiel fast ins Café, zum Glück, ohne sich zu verletzen.

Der Kaffee kam, doch die erste Tasse enthielt eine Spinne auf der Untertasse, was unsere liebe Elke entsetzt reklamierte. Die Kuchenstücke trudelten nach und nach ein – das Letzte erst nach erneuter Nachfrage. Ein Löffel fehlte, und als wir einen anforderten, war die lockere Antwort des jungen Kellners nur ein „Na klar, kein Problem."

Das Café war eine einzige Katastrophe: Gäste bekamen ungefragt andere Bestellungen, ein Paar wurde ohne Untertassen und Löffel bedient, und als wir endlich zahlen wollten, ließ sich natürlich niemand blicken. Also rechneten wir selbst ab und brachten das Geld zur Bar.

An der Wand hing ein Bild mit dem Spruch „Einstellung ist alles" - passender hätte man es nicht sagen können. Wir entschieden uns, das Chaos mit Humor zu nehmen und lachten am Ende herzlich darüber. Ein Erlebnis mehr für unsere Erinnerungen aus der Reha.

TAG 33

Ein gemütlicher Sonntag, ein Höhepunkt und letzte Einsichten

"Manchmal braucht es nur ein kleines Missverständnis, um den Alltag aufzuheitern – und einen großen Atemzug, um weiterzumachen."

Ein entspannter Sonntag neigte sich dem Ende zu. Den Vormittag verbrachte ich damit, mein Reha-Tagebuch zu überarbeiten, denn ich plante, es als Buch zu gestalten - ein Projekt, das noch einiges an Arbeit erforderte. Es war mein erstes Tagebuch überhaupt, und ich war überrascht, wie leicht mir das Schreiben fiel. Eine neue Erfahrung, die mir viel Freude bereitete.

Das Mittagessen in der Klinik war eher eine Enttäuschung, weshalb ich mich mit der Quarkspeise als Nachspeise begnügte. Ich wusste, dass ich unterwegs noch etwas essen würde, und so gönnte ich mir später am Bahnhof eine Schale Asianudeln mit Gemüse, die wirklich gut schmeckte.

Der Bahnhof war festlich geschmückt, und die kühle Luft sowie die Dekoration ließen erste Weihnachtsstimmung aufkommen.

Der Höhepunkt des Tages war ein Treffen mit meiner Tochter. In einem gemütlichen Café sprachen wir über vieles, und sie fragte mich, was ich aus der Reha mitnehme.

Eine wichtige Erkenntnis, die ich ihr mitteilte, ist, wie bedeutsam es ist, offen über Probleme und Gefühle zu sprechen – etwas, das bei uns nicht immer selbstverständlich war. Diese Offenheit möchte ich beibehalten.

Den letzten Abend in der Klinik verbrachte ich wie gewohnt im Schwimmbad. Das Schwimmen ohne große Anfahrtswege und der direkte Weg ins Bett werden mir definitiv fehlen. Aber wie heißt es so schön: „Alles hat ein Ende ..."

Morgen, am 11.11.2024, stand mein letzter Reha-Tag an. Ein passender Tag, denn während für viele die närrische fünfte Jahreszeit begann, würde ich in mein „normales" Leben zurückkehren – voller guter Aussichten und mit neuen Perspektiven.

TAG 34

Abschied und Vorfreude – der letzte Reha-Tag

„Man merkt, dass der letzte Tag gekommen ist, wenn ein Berliner zum Festmahl wird und die Packliste spannender ist als das Therapieprogramm.“

Der letzte Reha-Tag war gekommen, und ich konnte kaum glauben, dass die fünf Wochen nun vorbei waren. Rückblickend fühlte es sich so lang an, und doch verging die Zeit plötzlich wie im Flug. Am Vormittag gab es noch ein kleines Programm - eine entspannte Runde, in der eine Geschichte von Pippi Langstrumpf vorgelesen wurde. Ganz nach dem Motto „Ich mach mir die Welt, wie sie mir gefällt" verabschiedeten wir uns mit einem Lächeln.

Anschließend fand die letzte Bezugsgruppe statt, wieder mit einer neuen Therapeutin. Sie hatte wohl auch nicht den besten Start ins Team erwischt, denn bei einem Abschlusstermin war es schwer, Vertrauen zu schaffen.

Trotzdem hat sie das Beste daraus gemacht und legte uns Karten mit verschiedenen Motiven vor, aus denen wir zwei auswählen sollten: eine für das, was wir hierlassen, und eine für das, was wir mitnehmen möchten. Ähnlich wie das Ritual am See, bei dem wir Gegenstände ins Wasser geworfen hatten.

Meine Wahl fiel auf ein Herz und einen Hund. Das Herz symbolisiert für mich die Liebe und meine Familie - das Wertvollste im Leben, das oft im Alltag zu kurz kommt.

Der Hund steht für neue Ziele und für die Zukunft: Sobald ich in Rente bin, werden wir uns einen Hund anschaffen - darauf freue ich mich schon sehr. Ich kann schon verraten, welche Rasse es sein wird, ein Cavapoo. Eine Kreuzung aus Cavalier King Charles und Pudel, unglaublich süß.

Zum Mittag gab es eine kleine Überraschung: ein Berliner als Nachtisch, was mich gleich an den 11.11. denken ließ - der Beginn der fünften Jahreszeit.

Am Nachmittag stand das medizinische Abschlussgespräch auf dem Plan.

Immerhin hatten sich einige meiner Werte verbessert, und die Bewegung und die alkoholfreien Wochen hatten gutgetan. Ein letzter Spaziergang führte mich noch einmal durch den Wald und zum See – dieser Blick würde mir in Erinnerung bleiben.

Am Abend trafen wir uns zu einer kleinen Abschiedsrunde mit den Frauen, die mich in dieser Zeit intensiv begleitet hatten. Im „normalen" Leben wären wir uns vermutlich nie begegnet, und gerade deshalb bin ich so dankbar für diese Begegnungen, die mein Leben bereichert haben. Die Koffer waren gepackt, und morgen früh würde ich die Klinik um 07:00 Uhr verlassen. Die Vorfreude auf zu Hause war riesig.

FAZIT: „Abenteuer Reha“

Fünf Wochen Reha – eine Zeit, die anders verlaufen ist, als ich es je erwartet hätte. Zwischen Wassergymnastik, Bogenschießen und Basteln, Gruppengesprächen und Morgenspaziergängen, Rückschlägen und Erfolgen habe ich nicht nur die Kunst des Loslassens, sondern auch viel über mich selbst gelernt. Was ich mitnehme, sind neue Erkenntnisse über den Umgang mit Gefühlen, die Kraft der Kommunikation und den Wert von unverhofften und humorvollen Begegnungen.

Die Reha war nicht nur reines Vergnügen, aber genau das war ihr besonderer Wert. Nicht nur Entspannung, sondern echte Reflexion und die Arbeit an mir selbst standen im Mittelpunkt – mit vielen humorvollen, aber auch tiefgründigen Momenten.

So endet dieses Kapitel mit dem Gefühl der Dankbarkeit und Vorfreude auf alles, was kommt – das „normale" Leben, das ein bisschen weniger stressig, ein bisschen achtsamer und viel bewusster werden soll.

Ich nehme mit, wie wichtig es ist, offen über Gefühle zu sprechen und auch mal die Kontrolle abzugeben, sei es im Austausch mit anderen oder in stillen Momenten der Reflexion. Die Unterstützung und die Gemeinschaft hier haben mir gezeigt, dass man oft gemeinsam am weitesten kommt.

Und dass selbst kleine Veränderungen - wie die tägliche Runde im Schwimmbad oder der Spaziergang durch den Herbstwald - große Wirkung haben können.

Zurück im „normalen" Leben möchte ich mir all das bewahren: die Entschleunigung, den Blick fürs Wesentliche und den Herausforderungen weiterhin mit Humor zu begegnen. Am Ende dieser fünf Wochen geht nicht nur eine Reha zu Ende, sondern ein wertvolles Kapitel, das mich gestärkt und bereichert hat.

DANKSAGUNG

Am Ende dieser Reise möchte ich mich bedanken bei vielen wunderbarern Menschen, ohne die diese Zeit nicht das gewesen wäre, was sie war.

Mein erster Dank gilt den Therapeuten und Mitarbeitern der Rehaklinik. Sie haben mich mit ihrer Kompetenz, ihrem Engagement und ihrer Geduld durch diese fünf Wochen geführt und einen bleibenden Eindruck hinterlassen.

Ein besonders herzliches Dankeschön geht an Ines + Ines + Elke, mit ihnen habe täglich die Freuden und Herausforderungen des Reha-Alltags geteilt. Ob bei gemeinsamen Mahlzeiten, Spaziergängen oder unseren unvergesslichen Lachmomenten: Danke, dass ich mit euch teilen konnte.

Ein großes Dankeschön an meinen wunderbaren Mann – nicht nur, weil er fünf Wochen ohne mich auskommen musste, sondern vor allem, weil er mich bei all meinen Vorhaben mit Geduld und Verständnis unterstützt.

Und ganz besonders möchte ich meinen beiden großartigen Töchtern danken. Ihr seid meine größte Inspiration und Unterstützung. Danke, dass ihr mir Mut macht und an mich glaubt – egal, was ich tue oder wie ich mich entscheide.

Vielen Dank von Herzen!

Printed in Poland
by Amazon Fulfillment
Poland Sp. z o.o., Wrocław

50076558R00057